LA GALLINA

David M. Schwartz, galardonado autor de libros infantiles, ha escrito libros sobre diversas materias que han deleitado a niños de todo el mundo. El amplio conocimiento de las ciencias y el sentido artístico de Dwight Kuhn se combinan para producir fotografías que captan las maravillas de la naturaleza.

David M. Schwartz is an award-winning author of children's books, on a wide variety of topics, loved by children around the world. Dwight Kuhn's scientific expertise and artful eye work together with the camera to capture the awesome wonder of the natural world.

Please visit our web site at: www.garethstevens.com
For a free color catalog describing Gareth Stevens Publishing's list of high-quality books and multimedia programs,
call 1-800-542-2595. Gareth Stevens Publishing's Fax: (414) 332-3567.

Library of Congress Cataloging-in-Publication Data

Schwartz, David M.
  [Chicken. Spanish]
  La gallina / David M. Schwartz; fotografías de Dwight Kuhn; [Spanish translation, Guillermo Gutiérrez and Tatiana Acosta]. —
North American ed.
    p. cm. — (Ciclos de vida)
  Includes bibliographical references and index.
  Summary: Simply describes the physical characteristics and behavior of chickens from egg to adult.
  ISBN 0-8368-2996-4 (lib. bdg.)
  1. Chickens—Life cycles—Juvenile literature. [1. Chickens. 2. Spanish language materials.] I. Kuhn, Dwight, ill. II. Title.
SF487.5.S43518   2001
598.6'25—dc21   2001042835

This North American edition first published in 2001 by
Gareth Stevens Publishing
A World Almanac Education Group Company
330 West Olive Street, Suite 100
Milwaukee, WI 53212 USA

Also published as *Chicken* in 2001 by Gareth Stevens, Inc.
First published in the United States in 1999 by Creative Teaching Press, Inc., P.O. Box 2723, Huntington Beach, CA 92647-0723.
Text © 1999 by David M. Schwartz; photographs © 1999 by Dwight Kuhn. Additional end matter © 2001 by Gareth Stevens, Inc.

Gareth Stevens editor: Mary Dykstra
Gareth Stevens graphic design: Scott Krall and Tammy Gruenewald
Translators: Tatiana Acosta and Guillermo Gutiérrez
Additional end matter: Belén García-Alvarado

Printed in the United States of America

2 3 4 5 6 7 8 9 05 04 03 02

LA GALLINA

David M. Schwartz
fotografías de Dwight Kuhn

TRAMPOLÍN A LA
CIENCIA

Gareth Stevens Publishing
A WORLD ALMANAC EDUCATION GROUP COMPANY

En muchas granjas puedes ver gallinas pavoneándose por el corral. Hay muchas clases de gallinas. Las de esta fotografía son gallinas leghorn. El macho de esta especie es más grande que la hembra, y las plumas de su cola son más largas. El macho se llama gallo, y la hembra, gallina.

Las gallinas ponen huevos aunque no haya gallos cerca. Si una gallina se aparea con un gallo, éste fertiliza los huevos. Dentro de cada huevo fertilizado crecerá un pollito.

Después de poner varios huevos, la gallina comienza a empollarlos, es decir, se sienta sobre ellos para darles calor. Mientras los empolla, la gallina nunca se aleja de los huevos por mucho tiempo.

Al principio, el pollito es sólo una diminuta mancha en la yema del huevo. Después de pocos días, se forman el cuerpo y la cola. En esa etapa de desarrollo, el pollito es todavía un embrión. El embrión obtiene la mayor parte de su alimento de la yema del huevo, aunque también obtiene comida y, sobre todo, mucha agua de la clara.

El embrión crece con rapidez. Al cabo de dos semanas, ya tiene plumas. Aproximadamente una semana después, el pollito empieza a piar dentro del huevo. ¡Está listo para salir del cascarón!

El pollito tiene en la punta del pico una parte dura, llamada diamante, que le sirve para ir abriendo un agujero en el cascarón. Poco a poco, va picando por dentro alrededor de la cáscara del huevo. ¡Salir del cascarón es un gran esfuerzo para un pollito tan chiquito!

Finalmente, el pollito empuja el cascarón
y sale, débil y mojado.

Al principio, los pollitos recién nacidos se mantienen cerca de su madre. Se acurrucan debajo de ella para no pasar frío. Unas plumas muy suaves, llamadas plumón, les cubren el cuerpo.

Después de un día o dos, los pollitos empiezan a caminar y a picotear el suelo en busca de granos y otros alimentos.

Al cabo de dos o tres semanas, plumas nuevas comienzan a reemplazar el suave plumón. A medida que crece, el pollito pasa cada vez más tiempo lejos de su madre.

En apenas cinco meses, una gallina joven ya puede comenzar a poner huevos.

Tanto el macho como la
hembra cacarean y cloquean,
pero el gallo es el más ruidoso.
Al amanecer, hincha su pecho
y canta tan fuerte como puede.
¡Parece que proclame ser el rey
del gallinero!

Los gallos cumplen una función importante. Se aparean con las gallinas para que pueda nacer una nueva generación.

¿Puedes poner en orden las siguientes etapas del ciclo de vida de una gallina?

Respuesta

acurrucarse: contraerse para protegerse del frío.

amanecer: momento en que empieza a aparecer la luz del día.

aparearse: unirse a otro animal para tener crías.

diamante: punta dura del pico, que el polluelo usa para salir del cascarón.

embrión: primera etapa de desarrollo en la vida de una planta o de un animal.

empollar: sentarse un ave sobre los huevos para calentarlos hasta que los polluelos están listos para salir del cascarón.

fertilizar: unir las células femeninas y masculinas para formar una planta o un animal nuevos.

gallina leghorn: gallina de una especie o tipo que se distingue por poner grandes cantidades de huevos blancos.

generación: grupo de personas o animales nacidos en un mismo periodo de tiempo.

grano: semilla pequeña y dura de plantas como el trigo y el maíz.

pavonearse: caminar de manera orgullosa para llamar la atención.

picotear: golpear las aves con el pico.

plumón: plumas suaves y mullidas que cubren a los pájaros recién nacidos, y que las aves adultas tienen debajo del plumaje exterior.

yema: la parte del huevo que contiene el alimento del embrión.

Cáscaras con cabello

Con cuidado, lava y seca varias cáscaras de huevo que tengan dos terceras partes enteras. Imagina que lo que falta es la parte superior de una cabeza, y usa un marcador para dibujarles ojos, nariz y boca. Coloca algodón húmedo dentro de cada cáscara y rocíalo con semillas de berro o de mostaza. Ponlas en un lugar soleado y riégalas para que el algodón no se seque. ¡En pocos días les saldrá cabello!

Karaoke de aves

Los gallos cantan, las palomas gorjean, los cardenales trinan —¡y tú también puedes intentarlo! Escucha una cinta o un CD con sonidos de distintas aves y trata de imitar los que más te gusten. Mientras escuchas la grabación, busca datos y fotos de las aves que estás oyendo en un libro sobre el tema.

Huevos de colores

Si bien todos los pájaros ponen huevos, no todos los huevos son iguales. ¡Ésta es tu oportunidad de crear huevos de gran colorido! Pídele a un adulto que te cueza varios huevos blancos. Cuando se hayan enfriado, ponles liguitas alrededor para crear interesantes diseños. Mete los huevos en colorante de comida de distintos colores. Espera a que estén secos, quítales las ligas y observa tus llamativos diseños.

¿Gallo o gallina?

Haz un cuadro con las diferencias entre los gallos y las gallinas de este libro. Consulta un libro sobre aves y averigua en qué se distinguen machos y hembras de otras especies. Anota en tu cuadro las diferencias más comunes. Luego, visita un lugar donde puedas observar aves y trata de identificar los machos y las hembras.

Más libros para leer

Ciclos de la vida animal: Pollos. Jo Ellen Moore, Joy Evans (Evan-Moor Educational Publishers)
Cinco pollitos y otras poesías favoritas. Alma Flor Ada (Hampton-Brown Books)
El huevo. Rose Metter (SM Ediciones)
El medio pollito. Rosario Ferré (Ediciones Alfaguara)
Las aves. Colección "I Can Read About" (Troll Publishing)
Las gallinas no son las únicas. Ruth Heller (Econo-Clad Books)
Las gallinas pintoras. Mercè Company González (Editorial Timun Mas)
Pollos. Lynn M. Stone (Rourke Enterprises, Inc.)

ÍNDICE